AF259728

OBSERVATIONS GÉNÉRALES

SUR

LA COLONIE D'AFRIQUE;

CAUSES D'INSTABILITÉ;

RÉSULTATS A OBTENIR PAR LE SYSTÈME DU GÉNÉRAL BUGEAUD;

Par M. Alfred Poissonnier.

> Une conquête peut détruire les
> préjugés nuisibles, et mettre, si
> j'ose parler ainsi, une nation sous
> un meilleur génie.
>
> (MONTESQUIEU.)

POITIERS,

CHEZ TOUS LES LIBRAIRES.

1843.

COLONIE D'AFRIQUE.

Divers systèmes de colonisation ont été tentés en Algérie ; deux surtout ont été mis en pratique : celui de la paix, et celui de la guerre. Le maréchal *Valée* a donné son nom et son appui au premier ; le général *Bugeaud* se dévoue au triomphe du second. Se prononcer pour ou contre semble peu facile. Beaucoup de bons esprits cependant n'hésitent pas ; ils approuvent ou blâment sans réserve, et justifient très-bien ce vieil adage, qu'il n'y a pas de *cause sans avocat.*

En général, l'expérience manque dans cette controverse. On parle sans avoir vu, on discute sans avoir appris à connaître, toutes choses sans doute très-bien expliquées et soutenues par une logique très-gracieuse, mais qu'il est permis d'appeler téméraire. Juger en effet de loin, et vouloir surtout juger de l'Algérie par la France, c'est s'exposer à l'erreur. Il faut qu'on le sache bien, les mœurs et les penchants des peuplades diverses qui nous disputent avec tant de courage et de ténacité le territoire de la régence doivent être vus de près. On ne connaît l'Arabe qu'en vivant avec lui ; hors de là, il n'y a et

ne peut y avoir que des mécomptes. C'est aussi
parce que j'ai longtemps habité la colonie, parce que
j'ai vu les choses et les hommes, que je veux essayer
de jeter mon opinion au milieu de toutes les autres.
Elle n'aura pas, comme celles-ci, l'appui d'un grand
nom de tribune ou de l'armée, mais elle sera nette
et franche : ce dernier mérite, qu'on me pardonne
cette naïveté, en vaut bien un autre.

Deux systèmes sur l'occupation se sont aussi pré-
sentés en regard : celui de l'occupation restreinte, et
celui de l'occupation générale. Ce dernier a l'assen-
timent des hommes de guerre, et l'autre est le chef-
d'œuvre des hommes de finances et de cabinet.
Vieux soldat d'Afrique, mon avis ne peut être dou-
teux. Quand il s'agit de la gloire du pays, de la
conservation et de l'utilité d'une conquête, l'argent
ne peut être qu'une question secondaire.

Je dirai tout ce que je pense, en priant de se rap-
peler que c'est sur le champ de bataille, et non sur
une carte inerte examinée loin des lieux et des dan-
gers; que c'est au bruit de la fusillade, à côté de
mes camarades mutilés, et non par l'effet magique
et fleuri de paroles faciles et de discours inoffensifs,
quoique pompeux, que j'ai formé mon jugement.
Aux hommes qui ont jugé l'Afrique sans l'avoir vue,
je les renvoie, comme avertissement préalable, au
discours de Paul-Émile au moment où il va conquérir la Macédoine. Je ne crois pas être fastidieux
en donnant un fragment de ce discours, qui était

prononcé à l'assemblée du peuple romain ; alors
aussi on discutait et on contrôlait l'administration
des généraux :

« J'aurai soin, dit Paul-Émile, de vous mander
» exactement, aussi bien qu'au sénat, tout ce qui
» arrivera, et vous pouvez compter sur la certitude
» et la vérité de mes lettres ; mais je vous demande
» par grâce de ne point ajouter foi ni donner du
» poids par votre crédulité aux bruits vagues et sans
» auteur qui se répandront. Je m'aperçois dans cette
» guerre, plus que dans toute autre, que, quelque
» force d'âme qu'on puisse avoir pour se mettre au-
» dessus de ces bruits, ils ne laissent pas de faire
» impression, et d'inspirer je ne sais quel décou-
» ragement. Il y a des gens qui, dans les cercles, et
» même à table, conduisent les armées, règlent
» nos démarches, et prescrivent toutes les opéra-
» tions de la campagne ; ils savent mieux que nous
» où il faut camper, et de quel poste il faut se
» saisir, dans quel temps et par quel défilé on doit
» entrer dans la Macédoine, où il est à propos d'éta-
» blir des greniers et des magasins, où, soit par
» terre, soit par mer, on peut faire venir des
» vivres, quand il faut en venir aux mains avec
» l'ennemi, et quand il faut demeurer au repos ;
» et non-seulement ils prescrivent ce qu'il y a de
» meilleur à faire, mais, pour peu qu'on s'écarte
» de leur plan, ils en font un crime au consul, et
» le citent au tribunal. Sachez, Romains (nous

» pourrions mettre Français), que c'est là un grand
» obstacle pour vos généraux. »

On a une démangeaison incroyable de critiquer,
de condamner la conduite de tel ou tel général, et
ces hommes ne s'aperçoivent pas qu'en cela ils
pèchent visiblement contre le bon sens et contre
l'équité ; car, pour juger une guerre, il faut être
ou avoir été sur les lieux. Laissons donc faire tous
ces hommes de cabinet ; contentons-nous de les dé-
clarer peu propres à prononcer sur de telles qués-
tions.

Je n'ai pas la prétention d'examiner minutieuse-
ment la conduite des divers gouverneurs qui sont
venus faire acte de présence à l'ancien palais des
corsaires. Cette tâche serait trop longue, et peut-être
trop délicate. Mon plan est exclusif, autant que pos-
sible, des personnes ; je dois surtout généraliser.

Que le maréchal Valée se repose après avoir acquis, par certaines actions heureuses et hardies,
une gloire méritée ; sa part est assez belle, mais il
s'est complétement mis dans l'erreur sur la colonie.
Son système de pacification n'a pu avoir que de
minces résultats : ceux qui l'avaient précédé dans
les mêmes fonctions n'avaient pas assez guerroyé et
assis assez fermement la domination. Pacifier avant
d'avoir conquis non pas le terrain, mais les indigènes, c'est peu logique.

Avec le peuple arabe, il faut être fort et le prouver :
tout autre pouvoir est inefficace. La civilisation ne

s'improvise pas, elle a ses progrès comme toutes choses. Agir là-bas par la douceur, c'est se méprendre; les esprits n'y connaissent que l'action de la force : avec le temps, sans nul doute, ils changeront; mais il faut les prendre comme ils sont, et non comme on voudrait qu'ils fussent, et les traiter en conséquence. L'indigène flatté serait intraitable; vaincu, il sera soumis : l'expérience acquise aux dépens de nos soldats et de nos colons l'a démontré. Soyons donc redoutables avant tout; peu à peu nos mœurs s'uniront à celles si différentes de nos ennemis, les rendront moins farouches, et les habitueront à plus de sincérité : il suffit de savoir attendre; une fois la conquête faite, la pacification détruira les préjugés nuisibles, et mettra cette nation sous un meilleur génie.

Le maréchal Valée a été heureux à son début; Constantine, la ville forte, venait de tomber sous nos coups et à son commandement. Cette brillante campagne effectuée, tout prestige avait disparu pour les Bédouins; ils étaient pour le moment terrifiés; le nouveau peuple conquérant était pour eux le peuple de héros, le peuple plus fort que le prophète : il n'y avait plus qu'à obéir. Aussi, pendant deux années, les tribus avaient sommeillé; quelques-unes, étourdies par ce choc, étaient venues, rampantes, offrir la dîme, et recevoir le burnous rouge de pacification; beaucoup aussi étaient allées au loin pour éviter notre rencontre; et je n'ai pas oublié l'espoir dont on nous berçait alors d'une paix acquise et d'une domination certaine et reconnue. C'était le feu retenu sous la cendre. Notre sincérité aveugle était payée par des assassinats journaliers : nous n'avions que les apparences. Qu'on se souvienne, en effet, de la brusque apparition de l'ennemi sur tous les points, et jusqu'aux portes d'Alger, ravageant tout avec fureur, se ruant avec une sauvage cruauté sur les hommes, sur les postes éloignés, et coupant têtes et bras aux malheureux tombés dans les embûches, et l'on jugera facilement de la sincérité de ce que nous venons de dire.

Pour comprendre la nécessité de dominer par les armes, il faut aussi comprendre avec quel peuple on lutte. Pour oser tenter l'intimidation sur un peuple primitif, il faut avoir essayé, comme nous l'avons fait, la conquête pacifique, et avoir vu que par des rapports de diplomatie on ne pouvait arriver à une solution désirable.

L'Arabe est rusé, intelligent, sa physionomie expressive; sa haute stature et cette souplesse de corps sont bien distinctes des autres peuplades sauvages. — Son intelligence s'est développée au bruit des armes, par des guerres intestines que se sont faites mutuellement les indigènes; et tous ces petits champs de bataille, toute cette force acquise primitivement s'est jetée dans la grande lutte pour former un large foyer qui veut mordre contre la chrétienté; ils y ont apporté un amour excessif, une passion extrême que développe le climat.

Pour montrer à l'Arabe que la supériorité des

armes n'est pas la véritable primauté dans une nation, il faut non-seulement se mesurer avec lui, mais
encore le coucher à terre, et le tenir constamment
harassé ; puis, après l'avoir fatigué, meurtri, il
avouera que le yatagan et le fusil à belles festonnades
ne sont que des instruments d'enfants devant nos
baïonnettes intelligentes. Il se jettera indubitable-
ment avec plus de complaisance sur des images plus
positives et plus pacifiques; il voudra communiquer
et se civiliser.

Aller pacifier d'abord, c'est faire, aux yeux des
Kabayles, preuve d'une faiblesse impardonnable : ils
veulent être vaincus. — Pacifier avant de conquérir,
c'est vouloir faire renaître dans ces montagnes et
plaines de la *Mitidja* et de la *Medjana* de nouveaux ennemis qui sont terrifiés par tout cet appareil militaire
et cette succession de forces qu'ils voient accroître à
chaque insurrection. La guerre d'Afrique est une
guerre tout exceptionnelle; la philanthropie ne peut
s'étendre que sur des actes partiels. — Il faut constamment établir pendant quelques années une armée
formidable, pouvant se fractionner aux premières
apparences d'hostilité, jetant la mort et l'épouvante
dans ses moments d'excursion, et exécutant pendant
les jours de paix et de suspension d'armes des travaux durables; bâtissant des villes, des forteresses
et des villages, des routes de communication : toutes
choses faciles à une troupe bien disciplinée, travaux
inabordables pour d'autres hommes. Il ne faut pas

considérer l'Algérie comme une colonie du Canada, ou un port de Coromandel. — Tout, en Afrique, est extrême : haine et amour, polygamie permise, assassinats sanctifiés par le prophète. — Tâtonner, en matière militaire, c'est être faible ; et si l'on veut obtenir promptement un résultat, il faut agir avec rudesse et rapidité. — Certains orateurs parlementaires se sont émus, parce que l'on traitait avec trop de rigueur les Kabayles ; parce que, prétendent-ils, nous pouvons, en agissant autrement, nous attacher un peuple nombreux et malheureux. Il y a dans l'appréciation de ces faits, qu'on nous le permette, erreur, manque d'étude sur le naturel des indigènes ; et nous ne sommes pas ridicule en avouant que les Kabayles sont aussi faciles à manier et apprivoiser que les lions de *Vaanburg*. Aller parlementer ce peuple sauvage, aller caresser ces indigènes sanguinaires, c'est un acte de dévoûment, mais, encore une fois, c'est peu logique ; car, comme je l'ai dit, à ces hordes indisciplinées, indomptées, insaisissables, à ces tribus nomades dont la patrie est partout où coule une source, partout où poussent quelques touffes de gazon, à ces Kabayles féroces dont, en toutes choses, le *destin* est le dernier mot, il faut plus qu'un acte de magnanimité, il faut des actes de puissance. Ces messieurs de la montagne, qui se rapprochent des animaux carnassiers par leur nudité, leur enveloppe durcie par le soleil, et leur soif de sang et de pillage, seraient assez satisfaits de se voir entre les mains des procureurs généraux, et de recevoir les sommations d'un commissaire en écharpe , au lieu de se trouver en présence de nos baïonnettes, parce qu'ils riraient d'abord de nous , et nous battraient ensuite par surprises.

Pour saisir avec plus de justesse les raisons que nous donnons pour le système employé par le général Bugeaud (1), il est bon que nous esquissions largement quelques points défectueux du système de pacification qui a été employé précédemment.

Le système de pacification a peu fait pour la colonie. Quelques bulletins arrivant à intervalles calculés au ministère de la guerre jetaient aux yeux du public un peu de cette poudre militaire que tant de généraux ont su puiser dans les ordres de la vieille armée. Alors , je crois, les mots étaient imparfaits pour rendre tous les glorieux faits d'armes ; trop souvent actuellement les ordres de division sont pleins de mots ronflants et vides de traits remarquables. C'est ainsi que le système de pacification se maintenait par des actes adroitement ménagés , par des excursions dont on calculait plutôt l'effet en lignes écrites qu'en puissance fondée ; et tout en oubliant, sans trop de regrets, les assassinats et les dévastations des Arabes, on réparait ce mal par quelques phrases de condescendance qui allaient apprendre au delà de la mer tout ce que l'on peut mentionner dans un ordre du jour, et jusqu'à

(1) Voir sa brochure publiée en 1843.

quel point on peut pallier des actes de faiblesse. —
S'il y avait alors dans notre parti des auxiliaires indigènes, dont on a tant vanté le secours (1), c'était
l'argent qui nous les avait acquis, et non cette foi
vive d'une puissance affermie. — On soldait les
spahis à 3 francs par jour, et les janissaires des
anciens beys et des deys ont reçu comme encourage-
ment une solde bien supérieure à la solde française.
Je vais plus loin ; si, au milieu de ces hommes sol-
dés, il s'est rencontré de nombreux actes de dévoûment et de bravoure, c'était l'ostentation et l'intérêt
guerrier qui les faisait produire au grand jour ; ils
revenaient satisfaits d'une excursion, parce qu'ils
avaient prouvé à nos cavaliers qu'ils savaient mieux
qu'eux décoller une tête et ramasser le butin.— En
tout et partout, ce naturel guerrier et féroce.

Pendant cette gestion pacifique, il se trouvait
dans la division de Constantine un officier supérieur
qui cadrait peu et désapprouvait les moyens superfi-
ciels employés pour cacher tout ce qui se trouvait
alors de défectueux dans le maniement de l'administration.

Ce général avait jugé, avec le bon sens d'un
homme pratique, qu'il fallait obtenir plus que des
apparences ; aussi, après avoir tiré satisfaction de
diverses insultes et agressions dans le cercle de Bône,
il voulut explorer les côtes de *Stora*. Cette excursion

____

(1) Exploits et fanfaronnades sous lesquels j'ai rencontré rarement le
véritable désintéressement.

fut blâmée, parce que, ayant rencontré des ennemis redoutables, on effaçait par des faits patents toutes les lignes inscrites sur la pacification générale.—Il y avait hostilité hors des murs.

Il passa pour constant aux yeux de l'armée que le général Négrier, déjà trop expéditif pour obtenir soumission et vengeance des assassinats ou des attaques, avait près du système d'alors perdu toute considération. — A quelque temps de là, ce même officier supérieur, ayant trouvé dans la conduite de divers chefs arabes qui étaient investis d'une grande autorité plus que des motifs de blâme, *des preuves évidentes d'infidélité*, voulut livrer alors un des principaux coupables, le *kadi* de Constantine, qui avait gardé vingt mille francs, annonçant au général que les tribus dont il avait reçu rançon ne voulaient pas se soumettre. Ce vol, qui nous compromettait aux yeux des indigènes, fut découvert, et le *kadi* fut mis à l'incarcération. Le gouverneur général se refusa au jugement du coupable : il s'ensuivit un tel point d'honneur de part et d'autre, que l'on préféra le rappel du général au lieu de la condamnation du voleur.

On a cherché à jeter sur le général Négrier bien des reproches ; cependant il n'a usé de son autorité que pour satisfaire à de justes représailles : il l'a fait, il est vrai, sans employer la magistrature ; mais il l'a fait justement : et pendant que l'on répandait avec trop de complaisance les faveurs et les honneurs sur des indigènes ambitieux, il a fait dégrader et condamner *Ben-Aissa*, l'ex-ministre du bey de Constantine, qui, sous le système de pacification, avait été décoré et investi d'un pouvoir arbitraire. Cet Arabe, qui n'avait pas même la confiance des habitants de la ville, s'était fait faux monnayeur et extorqueur d'impôts.

Le général Négrier fut remplacé par un officier qui comprenait mieux le système de pacification. Ordres, soumissions, razzias, et même les plus petites excursions, dès lors comportent un cachet particulier qui se trahit par une politique concentrée, petite dans ses déploiements de forces comme dans tous ses actes administratifs. Ce général trouve la province en paix; cette paix se continuant, il l'attribue à sa gestion, tandis qu'elle ne découle que de la précédente intimidation et de la prise encore récente de Constantine. Cette paix est cependant limitée, et nos soldats, compromis par la bonne foi du général dans la plaine de la Medjana, lui prouvent évidemment que, hors des murs, s'il y a dans les troupes françaises bravoure et dévoûment, il n'y a pas chez les Arabes pacification.

Enfin, pour récompenser cet officier, qui exécute ponctuellement les ordres émanés de l'autorité supérieure, on songe à *Stora*, déjà explorée; on aperçoit que la route d'alimentation est plus facile par ce point; les Arabes, déjà battus par le général Négrier, prennent la fuite pour un instant devant la colonne expéditionnaire du général *Galbois ;* on s'empare de l'emplacement d'une ancienne ville romaine ; on signale cette occupation par un ordre pompeux ; et la prise d'un port sans défense, d'une terre sans habitants, d'une ville qui n'a pour existence que son souvenir antique, devient le trophée d'un lieutenant général (1).

Après douze années d'occupation, on est tout étonné de ne pas retirer d'une aussi grande conquête assez de produits pour compenser les dépenses de la guerre : les causes en sont faciles à énumérer. Cette administration ne pouvait donner grande sécurité aux colons arrivés de France ; ils comprenaient, à leur débarquement, qu'avant d'être colons il fallait être soldats, savoir se défendre, et oser se défendre. Ils voyaient que les Arabes n'étaient pas soumis ; et si, parmi eux, un de ces malheureux colons s'établissait sur ces apparences trompeuses, soudain il était enlevé et massacré, ses productions arrachées ou brûlées pendant la nuit. Ces cas de récidive n'étaient pas assurément faits pour stimuler la culture et le cultivateur.

Le général Bugeaud a mieux compris l'occupation : il a formé des villages, et a établi dans ces villages des soldats congédiés, qui avaient fait la guerre sur le territoire. Ces grandes familles, encore toutes militaires, peuvent au moins se défendre en cas d'agression, et protéger et encourager les autres

(1) Philippeville n'était alors qu'une plage nue.

colons. En nouant les unions par des dotations, le général Bugeaud a opéré un bien immense. La polygamie, légitimée chez les Arabes par les lignes du *Koran*, s'était rejetée dans les basses classes de nos colons. Cette envie de peupler la colonie, d'appeler des hommes et des familles pour faire nombre dans la régence, avait eu, sous le système de pacification, des conséquences funestes qui seront encore longtemps à déplorer.

On s'est servi de la colonie pour purger la France. Une fois la barrière ouverte et les bâtiments frétés, tous y sont accourus à la recherche de la fortune, les hommes turbulents, les ambitieux, les hommes dépravés, toute cette populace aux mains sales et aux passions abjectes; une fois la mer franchie, le respect humain n'était plus là pour retenir les mauvais penchants. Les mœurs relâchées ont trouvé dans la colonie de quoi rassasier toutes les passions brutales. Le colon qui n'avait plus le pouvoir de cultiver, par la crainte des attaques, s'est fait marchand; ses profits ont été grands, parce que la solde militaire s'est accrue par une solde supplémentaire de travail. L'argent est tombé dans les magasins et dans les cafés. Aussi M. Blanqui s'est-il écrié qu'Alger n'était plus qu'un immense cabaret, indigne du sang versé pour sa conquête. — Chacun de ces hommes a voulu être sultan dans sa propriété : si on n'a pas acheté des femmes, on en a loué; et, sous le prisme d'associations commerciales, il s'est passé d'étranges marchés. Alger est devenu ainsi la ville de corruption et de plaisirs : les passions se développent rapidement avec une température africaine. Les étrangers, eux aussi, sans distinction de bannières et sans preuves de moralité, y sont accourus avec leurs usages divers, leurs passions distinctes ; tout s'est confondu pour former un chaos au milieu duquel planait l'autorité militaire. Les commandants de place, devenus maîtres absolus, ont grandement abusé de cette autorité ; les emprisonnements ont été prononcés pour les colons comme la salle de police pour les soldats. Sans forme de procès, sans explications, on a emprisonné pour un caprice, pour une faute de contravention, pendant un mois et plus. Voilà ce qu'était la colonie sous le système de pacification.

Les soldats, eux, qui faisaient tout et fournissaient à tout, étaient abandonnés dans leurs misères : les camps ont été longtemps sans ambulances ; les excursions se sont faites sans que l'on songeât suffisamment aux blessés ; et, pendant que l'on proclamait partout la paix, le remplacement des effets ne s'effectuait même pas. Le soldat souffrait en silence, campait sans pain, sans souliers, souvent sans tentes et sans habits, et cela pendant des années. Au camp des *Toumiettes* (division de Constantine), après une année d'occupation, on ne distribua de la paille pour le coucher des soldats que la veille de l'arrivée du duc d'Orléans, une année après l'occupation du camp. A *Smendon*, un officier fut assez longtemps chargé des malades ; on distribuait de la quinine pour toutes les maladies ; ces malades couchaient avec les chevaux, sans aucun secours.

Il serait vraiment triste de soulever ici toutes les souffrances militaires, de montrer aussi toutes les plaies saignantes. Si nous voulions approfondir la question, arriver aux personnalités, nous montrerions bien des noms illustres entachés d'actions coupables. Le climat n'a pas sévi seulement sur l'armée d'Afrique ; il y avait là, près de nous, dans les excursions, sous la tente, dans tous les campements, un ennemi bien acharné qui nous arrachait toutes nos forces et nous épuisait jusqu'à la dernière goutte de sang. On a même spéculé sur les remèdes des malades (1) !

Eh bien ! nous, soldats, qui avons tout exécuté dans la colonie ; nous qui avons tant et si longtemps souffert sans qu'il se soit élevé dans nos rangs un seul soupir, une seule plainte, nous demandons persévérance dans l'occupation de la colonie, et nous voulons que cette occupation ne soit pas limitée aux ports de mer, parce qu'une fois enfermés dans les villes et les forteresses, il ne nous serait plus permis d'en sortir ; toute communication serait rompue avec

______

(1) A l'expédition de Constantine, les blessés sont restés cinq jours sans pansements.

les indigènes, et dès lors nous serions en état de blocus, et obligés de retirer de France les plus menus approvisionnements : cette position ne serait qu'un grand embarras de plus dans une guerre européenne. Et nous dirons aussi, pour donner persévérance à l'occupation coloniale, qu'en cessant d'être française, la colonie ne cesserait pas d'être européenne.

POITIERS. — IMPRIMERIE DE F.-A. SAURIN.